大家小小书
篆刻　程方平

## 中国历史小丛书



## 新编历史小丛书

新编历史小丛书

# 纳兰成德

张荫麟 著

北京出版集团公司
北京人民出版社

# 目　　录

# 纳兰成德

纳兰成德，以避嫌讳，改名性德，字容若，号楞伽山人，满洲正黄旗人。纳兰本作纳喇，为金三十一姓之一。明初纳喇星恳达尔汉据有库伦叶赫之地，为部落长，内附于明。其后二百余年，中国所谓“北关”者，即其地也。六传至养汲弩，为容若高祖。养汲弩有子三人，其第三子金台什（或作锦台什），为容若曾祖。有女嫔清太祖，生太宗。叶赫故附明，清太祖崛起，陵吞邻部，与叶赫积不相能。万历四十七年（清太祖天命四年，西历纪元一六一九年）遂灭之，金台什死焉。金台什二子德勒格、尼雅哈（或作倪迓韩）降满。太祖悯之，厚植其宗，俾延世祀。尼雅哈任佐领，屡从征有功，世祖定鼎燕京，予骑都尉世职，顺治三年（西历一六四六年）卒。长子振库袭，其次子明珠，即容若父也。容若母为爱新觉罗氏，其家世不详。（本节据《国朝耆献类征》初篇九，采国史《明珠传》，徐乾学《澹园全集》卷三十一《纳喇君神道碑文》、又卷二十七《纳兰君墓志铭》，韩菼《有怀堂文稿》卷十四《纳兰君神道碑》、又卷二十一《祭成容若同年文》。）

容若以顺治十一年十二月（是年十二月朔，当西历一六五五年一月八日）生于北京。（此据徐乾学《墓志铭》。《续疑年录》作顺治十二年，误。）时明珠年甫二十。容若为明珠长子（此据徐撰《墓志》及《啸亭杂录》卷九），有两弟，今仅知其一名揆叙，字恺功，少容若二十岁。（查慎行《敬业堂集》卷十七《恺功将有塞外之行，邀余重宿郊园，赋此志别》中云："忆子从我游，翩翩富词章。十三见头角，已在成人行。"而慎行之初馆明珠家，据《本集》卷八《〈人海集〉序》，乃在康熙丙寅。以此推之，恺功少容若二十岁。）容若十七岁以前之事迹，除下列一类笼统之考语外，别无可稽。

（一）韩菼《神道碑》：自少已杰然见头角，喜读书，有堂构志，人皆曰宫傅有子。

（二）徐乾学《墓志铭》：君自龆龀，性异恒儿。背诵经史，常若夙习。

（三）徐乾学《神道碑》：自幼聪敏，读书一再过，即不忘。善为诗，在童子已出惊人之句。（中略）数岁即善骑射。

综观之，容若盖自幼已敏慧逾恒，喜读书，有远志。讽习经史，尤嗜诗歌，斐然有作。读书之外，兼习骑射。在此十七年中，明珠方腾达宦场。明珠始官侍卫，继授銮仪卫治仪正，迁内务府郎中。任此诸职之起讫年，今不可详。康熙三年（时容若十岁）擢内务府总管，五年授弘文院学士，六年充《世祖实录》副总裁，七年奉命察阅淮扬河工，旋迁刑部尚书，八年改都察院左都御史，十年二月充经筵讲官，十一月复迁兵部尚书。明珠性格，盖精明果敢，第乏学术，故使权招贿，无殊于寻常显吏。此七年中，其兴革之见于史书者，惟康熙十年八月奏停巡盐御史遍历州县之例一事而已。（《耆献类征》采国史馆《本传》）然明珠颇知亲附风雅（《熙朝雅颂》卷二有《明珠汤泉应制诗》一首，苟其不出捉刀，则明珠亦亲翰墨者也），结交词臣，延纳名士，一时江南以才华显著之文匠、骚人、词客、学者，罕有不先后为其座上之宾。故后世《红楼梦》索隐家，致有以十二金钗为指明珠馆中所供养之名士者焉。此固半缘于容若与彼辈声气之相投，然使非明珠好客礼贤，一世倜傥，嵚奇之士曷能容身于其馆第。以明珠崇尚风雅，当容若少时，或颇注意其学业。观其后此馆查慎行于家，使课其次子若孙而可知也。

明珠邸宅，盖在内城西北。（《宸垣识略》卷八，内城西北属正黄旗。又《敬业堂集》卷八言馆明珠家，有移馆北门之语。）虽不知其皇丽如何，要当与其豪贵相称。又于玉泉山之麓营一别墅，名渌水亭（《宸垣识略》卷十四）。容若于其中读书馆客焉。渌水亭景物之胜，试读以下之诗词而可想见：

## （一）朱彝尊《台城路·夏日饮容若渌水亭》（《曝书亭集》卷二十六）

一湾裂帛湖流远，沙堤恰环门径。岸划青秧，桥连皂荚，惯得游骢相并。林渊锦镜，爱压水亭虚，翠螺遥映。几日温风，藕花开遍鹭鸶顶。　不知何者是客，醉眠无不可，有底心性。砑粉长笺，翻香小曲，比似江南风景，算来也胜。只少片天斜树头帆影。分我鱼矶，浅莎吟到暝。

## （二）严绳孙《渌水亭观荷》（《秋水诗集》卷四）

久识林塘好，新亭惬所期。花底随燕掠，波动见鱼吹。凉气全侵席，轻阴尚覆池。茶瓜留客惯，行坐总相宜。远见帘纤雨，都随断续云。渍花当径合，添涨过城分。树杪惊残角，鸥边逗夕曛。渔歌疑可即，此外欲何闻。宫云湿更浮，清漏接章沟。抗馆烟中远，疏泉天上流。银鞍临水映，金弹隔林收。多谢门前客，风尘刺漫投。碧瓦压堤斜，居人半卖花。却思湖上女，并舫折残霞。蘸绿安帆幅，搴红卷袖纱。空留薜萝月，应识旧渔家。

（三）姜宸英《渌水亭送张丞》（《苇间诗集》卷三）

忆过桑乾别业时，禁城寒食柳丝丝。行看篱落参差影，开到杏花三两枝。落照村边逢猎骑，清流石上对围棋。（下略）

此林泉幽秀之地，实容若大部分生活之背景也。

康熙十年，容若年十七，补诸生，读书国子监。时昆山徐元文为祭酒，深器重之，谓其兄乾学曰“司马公子，非常人也”。次年秋八月，举顺天乡试。主考官为德清蔡立齐，副主考官为徐乾学，他日徐之自述曰：“余忝主司宴，（容若）于京兆府偕诸举人拜堂下，举止闲雅。越三日，谒余邸舍，谈经史原委及文体正变，老师宿儒，有所不及。”乾学与明珠接近，此后容若遂师事之。

容若完婚之年，诸碑传俱无可征，亦不见别记。其词《浣沙溪》有一阕云：

十八年来堕世间，吹花嚼蕊弄冰弦，多情情在阿谁边？　紫玉钗头灯影背，红绵粉冷枕函偏，相看好处却无言。

据此，则容若在十八岁时已有闺中之友，惟不知其成婚是否即在此年，抑在此年以前，又前若干时。容若所娶，乃两广总督卢兴祖（镶白旗人，康熙六年卒。《耆献类征》卷一五二有传）之女，虽非翰墨之友，然相爱极笃，读上引一词已可见。盖容若生性浪漫，肫厚恳挚，善感多情。其对幼弟，对朋友，对素不相识之人，犹且“竭其肺腑”（徐乾学语），而况于夫妇之间乎！读饮水诗词，其伉俪间之柔情蜜意、雅趣逸致，随处流露。兹摘引数则，以见其概：

红药阑边携素手，暖语浓于酒。盼到园花铺似绣，却更比春前瘦。（《回犯令》下半阕）

夕阳谁唤下楼梯，一握香

荑，回头忍笑阶前立。总无语，也相宜。（《落花时》上半阕）

花径里，戏捉迷藏，曾惹下萧萧井梧叶。（《琵琶仙·中秋》）

水榭同携唤莫愁，一天凉雨晚来收。戏将莲菂抛池里，种出花枝是并头。（《四时无题诗》之七）

露下庭柯蝉响歇。纱碧如烟，烟里玲珑月。并着香肩无可说，樱桃暗吐丁香结。　笑卷轻衫鱼子缬。试扑流萤，惊起双栖蝶。瘦尽玉腰沾粉叶，人生那不相思绝。（《临江仙·夏夜》）

最忆相看，娇讹道字，手剪银镫自拨茶。（《沁园春》句）

芭蕉影断玉绳斜，风送微凉透碧纱。记得夜深人未寝，枕边狼藉一堆花。（《别意》之四）

挑镫坐，坐久忆年时。薄雾笼花娇欲泣，夜深微月下杨枝。催道太眠迟。（《忆江南》上半阕）

容若《沁园春》词有一阕自序云：

丁巳重阳前三日，梦亡妇澹妆素服，执手哽咽，语多不复能记，但临别有云："衔恨愿为天

上月，年年犹得向郎圆。”妇素未工诗，不知何以得此也。（下略）

据此，则是时（康熙十六年）容若已赋悼亡。惟卢氏究卒于何年耶？容若悼亡词之有时间关系可考者，其中有一首云：

谢家庭院残更立，燕宿雕梁，月度银墙，不辨花丛那瓣香。　此情已自成追忆，零落鸳鸯，雨歇微凉，十一年前梦一场。（《采桑子》）

就本文可知此词作于卢氏卒后

十一年，而此词之作最迟不能后于容若逝世之年，故卢氏之卒，最迟不能后于容若卒前十一年，即不能后于康熙十三年甲寅，时容若年二十。又《金缕曲》（《亡妇忌日有感》）一词中有“滴空阶寒更雨歇，葬花天气”之句，则卢氏之卒乃在暮春。上举之《沁园春》中有“几年恩爱”之句，可见其自结婚至悼亡之间，有“几年”之久。上文言容若之结婚不知其是否即在十八岁，由今观之，若假定其为十八岁，则自十八岁至二十岁之春，至多不过两年，容若不当云几年恩爱。然结婚过早又不类，大略以十六七为近。假定如此，又就最低限度，假定“几年”为三年，则容若悼亡，当在十九与二十岁之间也。现在大略可推测者如此，须俟他日新发现材料之证实。今可确知者，容若与卢氏之同居生活，为期不过数年。绮梦之促，比似昙花；缱绻之心，忽然失寄。其伤痛之深、思念之苦，不待言矣。容若悼亡之词甚伙，皆缠绵惨恻，今不具引。但读其“回廊一寸相思地，落月成孤倚。背灯和月就花阴，已是十年踪迹十年心”及“零落鸳鸯，雨歇微凉，十一年前梦一场”诸句，怀念之心，十余年如一日，其相爱之挚可见。卢氏死后，容若续娶官氏，不知其事在何年。然“鸾胶纵续琵琶，问可及当年绿萼华”，“知否那人心，旧恨新欢相半。谁见，谁见，珊枕泪痕红泣”。然容若对后妻似亦有相当情爱，观其行役思闺之作而可知也。

容若虽出贵盛之家，生长纨绮之丛，却不慕荣华，不事享乐，若戚戚然于富贵而以贫贱为可安者。身在高门广厦，常有山泽鱼鸟之思。其所自述，则“曰余餐霞人，簪绂忽如寄”（《拟古》之一），“仆亦本狂士，富贵轻鸿毛”（《野鹤吟赠友》）。其居处也，“闲庭萧寂，外之无扫门望尘之谒，内之无裙屐丝管呼卢秉烛之游。每夙夜寒暑休沐定省片晷之暇，（辄）游情艺林”。（严绳孙《秋水文集》卷一《成容若遗集序》）初尤致力词章，诗摹开元大历间风格。尝辑全唐诗选，尤喜长短句，自唐五代以来诸名家词，皆有选本。独好观北宋以上之作，不喜南渡诸家，尝以洪武韵改并联属，名《词韵正略》。以词为诗体正宗，刻意制作。其论词也，曰：

> 诗亡词乃兴，比兴此焉托。往往欢娱工，不如忧患作。……芒鞋心事杜陵知，只今惟赏杜陵诗。古人且失风人旨，何怪俗眼轻填词。词源远过诗律近，拟古乐府特加润。不见句读参差三百篇，已自换头兼转韵。（《饮水诗集》卷上填词）

近人有谓苏、辛始以词作新体诗，然盖皆未尝自觉者。自觉的以词作新体诗，当推容若为首也。容若词初印行者名《侧帽词》，不知刊于何年。其第二次刻本名《饮水词》，刊于康熙十九年闰三月（榆园丛刻本，顾贞观序）。吴绮之于此集之序（《林蕙堂文集续刻》卷四载此文，题作《〈饮水词〉二刻序》，故知此为二次刊本。）中云：

　　一编侧帽，旗亭竞拜双鬟。千里交襟，乐部惟推只手。　　吟哦送日，已教刻遍琅玕。把玩忘年，行且装之玳瑁矣。

则是时《侧帽词》流播极广，尝诵一时，其去初印行之日当颇久。且新制增积，至有重刻之需要，亦须经过颇久之时间。约略推之，《侧帽词》之刻，当去容若乡举后不远。据阮吾山《茶余客话》所载：

> 吴汉槎（兆骞）戍宁古塔，行笥携徐电发（釚）《菊庄词》、成容若（德）《侧帽词》、顾梁汾（贞观）《弹指词》三册。会朝鲜使臣仇元吉、徐良崎见之，以一金饼购去。……良崎题《侧帽》、《弹指》二词云："使事昨渡海东边，携得新词二妙传。谁料晓风残月后，如今重见柳屯田。"以高丽纸书之，寄来中国。《渔洋续集》有"新传春雪咏。蛮徼织

弓衣”，指此。

按其涉及《侧帽词》之事必有误。吴兆骞之戍宁古塔，乃在顺治十六年闰三月。（看吴兆骞《秋笳集》卷四，又孟森《心史》丛刊一集《科场案篇》。）时容若才五岁，兆骞安得携其《侧帽词》也？（以上除注明出处者外，余皆据徐乾学《墓志铭》及韩菼《神道碑》。）

容若于诗词外，又工书法。摹《褚河南临本禊帖》，间出入于《黄庭内景经》。亦好罗聚故籍，评鉴书画，间以意制器，多巧倕所不能及。居恒慕赵孟頫之生平，为诗曰：

吾怜赵松雪，身是帝王裔。神采照殿庭，至尊叹昳丽。少年疏远臣，侃侃持正议。才高兴转逸，敏妙擅一切。旁通佛老言，穷探音律细。鉴古定谁作，真伪不容谛。亦有同心人，闺中金兰契。书画掩文章，文章掩经济。得此良已足，风流渺难继。

（《拟古》之三十九）

盖半自传而半自期许也。尝读赵松雪《自写照诗》有感，即绘小像，仿其衣冠。坐客或期许过当，弗应也。徐乾学谓之曰“尔何酷似王逸少”，心独喜之。（徐乾学《墓志铭》）

康熙十二年癸丑，容若年十九，

会试中试，以患寒疾，不及廷对。（《通志堂经解》卷首载乾隆五十年二月二十九日上谕，谓容若“癸丑科中式进士，年甫十六”。盖据册籍填写之缩减耳。）于是益事“经济”之学，用力于《通鉴》及古文词。约自是年始，容若渐在“文人”社会中露头角，渐与当世才人交结。是时“文人”社会之状况为何如耶？明遗民中之巨子，若顾炎武、黄宗羲、王夫之、魏禧等尚健在，然皆入山惟恐不深，罕与市朝相接。贰臣则“江左三大家”（钱谦益、吴伟业、龚鼎孳）之文彩犹照映诗坛。其年辈稍晚者，则首推“江南三布衣”（朱彝尊、姜宸英、严绳孙），名满公卿，上动宸听。诗则王士祯主盟坛坫。词则徐釚、顾贞观之作海外争传。骈俪则陈维崧、吴绮以雄放纤柔相颃竞。此外卓然名家者，若汪琬、邵长蘅等之于古文，施闰章、宋琬、吴雯、梁佩兰、吴兆骞之于诗，彭孙遹、秦松龄、李雯等之于词，未易悉数。上举诸人中，顾贞观（梁汾）、严绳孙（荪友）、姜宸英（西溟）后此成为容若之密友。其次秦松龄（对岩）、朱彝尊（锡鬯）、陈维崧（其年）亦与容若有交谊。此外如王士祯（贻上）、吴绮（薗次）、吴雯（天章）、梁佩兰（药亭）则皆尝为其坐上宾，与有酬唱之雅焉。其营救吴兆骞，则后世传为佳话者也。盖容若虚怀好客，肝胆照人，于单寒羁孤、侘傺困郁、守志不肯悦俗之士，咸能折己礼接之，生馆死殡，于资财无所吝惜。其或未一造门，而闻声相思，必致之乃已。故海内风雅知名之士，乐得容若为归，藉之以起者甚众。

是年（康熙十二年）始交严绳孙、朱彝尊。时严不过生员，朱则布衣也。绳孙此后之自述曰：

> 始余与容若定交，年未二十，才思敏异，世未有过者也。（《秋水集》卷二《〈成容若遗集〉序》）

又曰：

> 余始以文章交于容若。时

容若方举礼部，为应世之文。（《秋水集》卷二《成容若哀辞》）

彝尊此后之自述曰：

往岁癸丑，我客潞河。君年最少，登进士科。伐木求友，心期切磋。投我素书，懿好实多。改岁月正，积雪初霁。纠履布衣，访君于第。君情欢剧，款以酒剂。命我题扇，炙砚而睇。是时多暇，暇辄填词。我按乐章，缀以歌诗。剪绡补衲，他人则嗤。君为绝倒，百诵过之。（《曝书亭集》卷八十《祭纳兰侍卫

文》）

可见其初交时之情况。容若尝构一曲房，题其额曰：鸳鸯社，属绳孙书之。（《修竹吾庐随笔》）

同年（癸丑）五月，容若所作《通志堂经序》中有“向余属友人秦对岩（松龄）、朱竹垞购诸经籍藏书之家”之语，则是年已识秦松龄，惟不知是否自是年始耳。《通志堂经解》者，乃唐宋经注之汇刻，据徐乾学序，乃彼悉其兄弟家藏本，覆如校勘。更假秀永曹秋岳、无锡秦对岩、常熟钱遵王、毛斧季、温陵黄喻邵及竹垞家藏旧版书若抄本，厘择是正。……谋雕版行世。门人纳兰容若尤怂恿是举，捐金倡始，同志群相助成。

容若序亦谓：

> 先生（乾学）乃尽出其藏本，示余小子曰："是吾三十年心力所择取而校定者。"余且喜且愕，求之先生，钞得一百四十四种。……请捐资经始，与同志雕版行世，是吾志也。

是则容若原未尝以校订之功自居，乾学亦未尝以此归之容若。而乾隆五十年二月二十九日上谕，乃指乾学校刊此书而托之容若，为之市名，以要结权贵，则于原书之首数页尚未一检，而信口加罪，其昏聩有如是也。据上引二序，则校订之力，全出乾学。惟伍崇曜（实谭莹代作）《粤雅堂丛书》本《通志堂经解》目录跋云“《经解》其（容若）所刻，而健庵（乾学）延顾伊人（湄）校定者”，不知何据。（此文写成后，检知其据《八旗通志·艺文志》。）其或然欤？全书凡一百若干种，其中有容若叙文者约六十种。据徐乾学序，此书之雕印“经始癸丑，逾二年讫工”。然容若于各序文之记年，无在丙辰及丁巳之外者。岂书先刻成，然后作序欤？抑上引二语，乃乾学经始时之预算，而非事实欤？后说殆近。

当容若辈流连文酒之欢，议论铅椠之事，正南徼风云飙起之时。此后扰攘十年始已。是年三月，镇广东之平南王尚可喜请撤藩归辽东，吴三桂、耿精忠亦以是请。下议政大臣、九卿等议，多谓吴三桂久镇云南，不可撤。独明珠与户部尚书朱司翰、刑部尚书莫洛等坚持宜撤，诏从其议，立下移藩之谕。已而吴三桂兵起，廷臣争咎首谋者。上曰："此出朕意，伊等何罪？"盖帝久有削灭诸藩之决心，明珠等之议适符其意也。十四年，明珠调吏部尚书。十五年（丙辰）耿精忠降，三藩已有敉平之望。以明珠主张撤藩称易，授武英殿大学士。

是年容若应殿试，名在二甲，赐进士出身，旋授三等侍卫。后由二等擢至一等侍卫。自是年后，簪缨羁身，

“值上巡幸，时时在钩陈豹尾之间。无事则平旦而入、日晡未退以为常”。（《〈成容若遗集〉序》，《秋水文集》卷一）即在休暇，亦旦夕有“正欲趋庭被急宣”（姜宸英赠容若句，《苇间诗集》卷三）之事，不复如前之逍遥自在矣。是年始友顾贞观。时贞观已举顺天乡试。先是以龚芝麓为之延誉，名声大起。据其同时人徐釚《词苑丛谈》所言：

> 顾梁汾舍人风神俊朗，大似过江人物。无锡严孙友诗“曈曈晓日凤城开，才是仙郎下直回。绛蜡未销封诏罢，满身清露落宫槐”，其标格如此。

顾自述曰：

岁丙辰，容若年二十二，乃一见即恨识余之晚。阅数日，即填此曲，为余题照。（《弹指词》卷下《〈金缕曲〉自注》）

此曲即《金缕曲》，其词曰：

德也狂生耳。偶然间，缁尘家国，朱衣门第。有酒惟浇赵州土，谁会成生此意？不信道竟逢知己。痛饮狂歌俱未老，向尊前拭尽英雄泪。君不见，月如水。

与君此夜须沉醉，且由他蛾眉谣诼，古今同忌。身世悠悠何足问，冷笑置之而已，寻思起从头翻悔。一日心期千劫在，后身缘恐结他生里。然诺重，君须记。

读此可见容若之性情与气概焉。据徐釚《词苑丛谈》，此词都下竞相传写。于是教坊歌曲，无不知有《侧帽词》者。贞观之和作，亦极慷慨缠绵之致，兹并录如下：

且住为佳耳。任相猜，驰笺紫阁，曳裾朱第。不是世人皆欲杀，争显怜才真意。容易得一人知己。惭愧王孙图报薄，只千金当洒平生泪。曾不值，一杯水。

歌残击筑心逾醉，忆当年侯生垂老，始逢无忌。亲在许身犹未得，侠烈今生已矣，但结托来生休悔。俄顷重投胶在漆，似曾相识屠沽里。名预籍，石函记。

容若友朋中，以与贞观为情谊最深。贞观有挚友吴兆骞，亦江南才士也，以科场案被累，戍宁古塔。是年冬，贞观为《金缕曲》二阕，代书寄之，以稿示容若。其词曰：

季子平安否？便归来，生平万事，那堪回首？行路悠悠谁慰藉，母老家贫子幼。记不起从前杯酒。魑魅搏人应见惯，总输他覆雨翻云手。冰与雪，周旋久。

泪痕莫滴牛衣透，数天涯依然骨肉，几家能彀？比似红颜多命薄，更不如今还有，只绝塞苦寒难受。廿载包胥承一诺，盼乌头马角终相救。置此札，兄怀袖。

我亦飘零久。十年来，深恩负尽，死生师友。宿昔齐名非忝窃，只看杜陵穷瘦。曾不减夜郎僝僽。薄命长辞知己别，问人生到此凄凉否？千万恨，为兄剖。

兄生辛未吾丁丑。共些时，冰霜摧折，早衰蒲柳。词赋从今须少作，留取心魂相守，但愿得河清人寿。归日急缮行戍稾，把空名料理传身后。言不尽，观顿首。

**贞观之自述曰：**

二词容若见之，为泣下数行，曰："河梁生别之诗，山阳死友之传，得此而三。（《啸亭杂录》卷九作'都尉河桥之作、子荆楚雨之吟，并此而三矣'。）此事三千六百日中，弟当以身任之，不俟兄再嘱也。"余曰："人事几何？请以五载为期。"恳之太傅，亦蒙见许。而汉槎果以辛酉入关矣。

明珠许救汉槎之事，据《随园诗话》所记如下：贞观之请救汉槎也。明珠方宴集，坐间手巨觥，引满，谓贞观曰："若饮此，为救汉槎。"贞观素不饮，至是一爵而尽。明珠壮之，笑曰："余戏耳。君即不饮，余岂即不救汉槎耶？"又传："兆骞得释归，因诣明珠谢。留府中，闲行入一室，上书一行曰'顾梁汾为吴汉槎屈膝处'。"（据杨寿枬《贯华丛录》引刘继增《顾梁汾诗传》）此一事可见明珠、容若及顾贞观之性格，故备载之。

康熙二十年辛酉十二月，姜宸英始至京师（《苇间诗集》卷三）。其识容若，当在是时。方苞记姜西溟遗言云：

康熙丙子（时容若殁已十一年）同西溟客天津。将别之前，抚余（方苞）背而叹曰："吾老矣，会见不可期。吾自少常恐为《文苑传》中人，而蹉跎至今。他日志吾墓，可录者三事耳：（其一）吾始至京师，明氏之子成德延至其家，甚忠敬。一日进曰：'吾父信我，不若信吾家某人。先生一与为礼，所欲无不得者。'吾怒而斥曰：'始吾以子为佳公子，今得子矣。'即日卷书装，遂与绝。"

全祖望《姜宸英墓表》所记，则视此较详而稍异。其言曰：

枋臣（明珠）有长子，多才，求学先生。枋臣以此颇欲援先生登朝。枋臣有幸仆曰安三，势倾京师，内外官僚多事之。……欲先生一假借之而不得。枋臣之子乘间言于先生曰："家君待先生厚，然而卒不得大有佽助。某以父子之间亦不能为力者，何也？盖有人焉。愿先生少施颜色，则事可立谐。某亦知斯言非可以加之先生，然念先生老，宜降意焉。"先生投杯而起曰："吾以汝为佳儿也，不料其无耻至此。"绝不与通。于是枋臣之子百计请罪于先生，始终执礼。而安三闻之恨甚。（《**文献**

征存录》卷二所载与此同，而较略。）

比观方、全二氏之记载，有微异者二处：（一）全氏所记容若之进言，视方记为婉转。（二）方记所示，似宸英一怒遂与容若永绝也者。惟据全表，则此后二人尚有往来。按关于后一点，全表为信。宸英《苇间诗集》卷三有《哭亡友容若侍卫》四首，中有云“平生知己意，惟有泪悬河”。又于其死前一年，有《容若从驾还，值其三十初度，席上书赠》六首，则终容若之世，二人友谊如故也。宸英一生轗轲，读容若投赠之词，所以慰藉之者良厚，宜乎其有知己之感。虽然，宸英拒容若之劝，宜也。以此拂袖行，矫矣。为身后之名，不惜特彰挚友之失，且欲抹杀其以后之友谊焉（假设方苞所记为信）。吾有以知此自少即希为《文苑传》中人者之品格矣。

严绳孙言，容若“丙辰以后，傍览百氏”。（《成容若哀辞》）今观《通志堂经解》中五十余种之序录，皆丙辰及丁巳两年间所作。容若除草《经解》序外，又从事经学之著作。丁巳二月，辑成《合订删补大易集义粹言》八十卷。是书乃取宋陈友文《大易集义》及方闻一《大易粹言》合辑之。二书皆荟萃宋儒之《易》说。《集义》原书只有上下经，《粹言》兼具经传。惟《集义》所采摭，视《粹言》多十一家。容若因将二书合并，去其重复繁芜，又采十一家著作中论《系辞》诸传，为《集义》所未采者补之，“间以臆见、考其原委”（自序）。此书今刻《通志堂经解》中。《四库全书总目提要》（卷六）谓此书“相传谓其稿本出陆元辅。性德殁后，徐乾学刻入《九经解》中，始署性德之名，莫之详也”。予按此缀辑之事，原属易易，宜为容若之智力所优为。至若移录原文，搜寻资料，或假门客之助，原非异事。若谓其纯出捉刀，吾不信也。容若又有《陈氏〈礼记集说〉补正》三十八卷，刻《通志堂经解》中，前后无序跋，度亦作于此两年前后。此书乃因（宋）陈澔《礼记集说》疏舛太甚，乃为条析而辨之。凡澔所遗者谓之补，澔所误者谓之正。皆先引经文，次列澔说，而援引考证以著其失。其无所补正者，则经文与澔说并不载焉。颇采宋、元、明人之论，于郑注、孔疏亦时立异同。大抵考训诂、名物者十之三四，辨义理是非者十之六七。以澔注多主义理，故随文驳诘者亦多也。凡澔之说，皆一一溯其本自何人，颇为详核。……凡所指摘，中者十之七八。（《四库全书总目提要》卷二十一）

康熙十七年三月（容若二十四岁），严绳孙在吴中，与吴绮共订定容若词集刻之，名《饮水词》（《严绳孙〈饮水词〉序》）。十月，清帝巡视北边（《东华录》卷七），容若盖在扈从之列。是年三藩已渐次戡定。清帝惩于此次大乱，知非恩络一世才智之士，无以服汉人。先是正月二十二日诏曰：

> 自古一代之兴，必有博学鸿儒，振起文运，阐发经史，润色词章，以备著作顾问之选。朕万几时暇，游心文翰，思得博洽之士，用资典学。……凡有学行兼优、文词卓越之人，无论已未出仕者，著在京三品以上及科

道官员、在外督抚布按，各举所知，朕将亲试录用。其余内外各官，若果有真知灼见，在内开送吏部，在外开报于该督抚代为题荐。务令虚公延访，期得真才。（《鹤征录》卷首）

此即第一次博学鸿词之召举也。次年四月六日，考试既竣，诏取一等二十人、二等三十人。其中容若之友秦松龄、陈维崧、朱彝尊以一等见录，严绳孙以二等见录，皆授翰林院检讨（严、朱本布衣，陈本生员，秦本已革翰林院检讨），纂修明史，留居京师。然容若自官侍卫，日在禁中，罕友朋游宴之乐。观朱彝尊《祭文》云："迢我通籍，簪笔朵殿。君侍羽林，鲛函雉扇。或从豫游，或陪典宴。虽则同朝，无几相见。”又徐乾学《墓志铭》云：“禁庭严密，其言论梗概有非外臣所得而知者。”从可想见矣。

康熙二十年（辛酉）三月，清帝幸汤泉（在遵化州西北四十里福泉山下）行宫，明珠及容若皆扈从，并有应制诗。是年冬，滇师告捷，内乱全息。次年正月上元夜，清帝举行大庆祝，欢宴群臣。据严绳孙《升平嘉宴诗记》（《秋水文集》卷二）云：

> 十四日，赐宴乾清宫。日小迁，诸臣候宫门之外。……少焉，宫门洞启，雁行序进升阶，

闻教坊乐作。天子乃登黼座，诸臣叩首就列。时圆月始上，万炬毕陈。陛立双盘龙柱，高殆数丈，周悬五彩角灯，相续至地，流苏珠缀，天风微引，使人眩视。自墀历陛，御道中属文石栏楯，皆缀灯于柱端，上列鳌山。御屏之后，见山川人物，隐若海市。顷之，大学士明珠起进酒为寿。乐作，上饮毕，遂酌以赐明珠。……（以下遍赐与会诸臣）……于是梨园奏阳春布令之曲，重农事也。终两阕，上命臣英谕诸臣无废言笑，于是执法罢纠，上下和畅。俄闻乐作于内，鳌山机转，帆樯人马，不运而

> 驰。遂诏大臣更上纵观，因复命酒遍赐如前。夜分月午，群臣皆醉。

“内庭之宴，前此未有”。（同上）容若父子同预其盛，一时纷张眩异之情状，可想见焉。二月，清帝以云南底定，诣盛京陵寝告祭，癸巳启行（《东华录》卷七）。容若随驾，徐乾学有诗赠别（《澹园集》卷八）。五月辛亥回京（《东华录》卷八）。“秋奉使觇梭龙（疑即索伦）羌，道险远，君间行疾抵其界，劳苦万状，卒得其要领还报。”（韩菼《神道碑》）因作《出塞图》纪念其事，姜宸英为题诗其上（诗见《苇间诗集》卷三）。及梭龙诸羌输诚，已在容若殁后旬日。清帝念其有劳于是役，遣宫使拊其几筵，哭而告之。此是后事（徐乾学《墓志铭》）。

是时，明珠为清帝最宠信之人，廷议大抵以明珠之意见为主。“时诏重修太祖、太宗《实录》，乃编纂《三朝圣训》、《圣治典训》、《平定三逆方略》、《大清会典》，皆以明珠为总裁官。两遇《实录》造成，加太子太傅，晋太子太师。”（国史馆本传）位既极乎人臣，权遂倾于中外。惜明珠未尝凭此机遇，为福民利国之谋，惟植势敛贿，以遂私欲。据康熙二十七年正月御史郭琇劾疏，所举明珠“背公营私实迹”如下：

（一）凡阁中票拟，俱由明珠指

靡，轻重任意。……皇上圣明，时有诘责，乃漫无省改。

（二）明珠凡奉谕旨，或称其贤，则向彼云由我力荐；或称其不善，则云上意不喜，吾当从容挽救，且任意增添，以示恩立威，因而结党群心，挟取货贿。至于每日启奏毕，出中左门，满汉部院诸臣及其心腹，拱立以待，皆密语移时，上意无不宣露。部院衙门稍有关系之事，必请命而行。

（三）靳辅与明珠、余国柱交相固结，每年糜费河银，大半分肥。

（四）科道官有内升出差者，明珠、余国柱悉皆居功要索。至于考选科道，即与之订约，凡有本章，必先行请问，由是言官多受其制。（《东华录》

卷八）

他日倾踬之因，已预伏矣。然明珠所为，亦不过古今寻常肉食者之惯例，初非穷凶大憝，亦未尝为残贼人道之事，未可与严嵩、魏忠贤等同日语也。

后世读《饮水集》者，莫不讶容若“貂珥朱轮，生长华膴，而其词则哀怨骚屑，类憔悴失职者之所为”。（杨芳灿《〈饮水词〉序》，见榆园丛刻本）而容若自述亦曰：

余生未三十，忧愁居其半。心事如落花，春风吹已断。行当适远道，作计殊汗漫。寒食青草多，薄暮烟冥冥。山桃一夜雨，

茵箔随飘零。愿餐红玉草，一醉不复醒。（《拟古》之十三）

又曰：

冬郎一生极憔悴，判与三间共醒醉。美人香草可怜春，凤蜡红巾无限泪。（填词）

其他类此之悲歌尚众，岂皆无病而呻吟哉？据其挚友严绳孙所记：

（己丑）岁四月（距容若卒前一月）余以将归，入辞容若。时座无余人，相与叙生平之聚散，究人事之终始，语有所及，

怆然伤怀。久之别去，又返我于路，亦终无所复语。然观其意，若有所甚不释者。（《秋水文集》卷二《成容若哀辞》）

可见其中心确有难言之悲楚矣。今读书而想见其为人，盖其心境之怆恻，厥有三故：生性之多情善感，一也；爱情之摧挫，二也；理想与实现之冲突，三也。所谓理想与实现之冲突，又有二事。其（一）容若具浪漫性格，爱自由，爱闲逸，而其所官侍卫（换言之，即皇帝跟班）却为最不自由、最戕灭个性之奴隶职，苦可知矣。此观其《野鹤吟赠友》而可证：

鹤本生自野，终岁不见人。朝饮碧溪水，暮宿沧江滨。忽然被矰缴，矫首望青云。仆亦本狂士，富贵鸿毛轻。冲举道无由，幡然逐华缨。动止类循墙，戢身避高名。怜君是知己，习俗共不更。安得从君去，心同流水清。

其（二）容若一生高洁，慕善亲贤，而目睹其父所为，龌龊苟且，黑幕重重，而又无从规谏（观上述安三之事可见），更无从匡救，曷能无恫于中？严绳孙云：

容若年甚少，于世无所措意。既而论文之暇，亦间语及天下事，无所隐讳。顷岁以来，究物情之变态，辄卓然有所见于其中。或经时之别，一再接其绪论，未尝不使人爽然而自失也，盖其警敏如此。……吾阁师（明珠）……方朝夕纶扉，以身系天下之望。容若起科目，擢侍殿陛，益密迩天子左右，人以为贵近臣无如容若者。夫以警敏若此，而贵近若此，其夙夜寅畏，视凡人臣之情必有百倍，而不敢即安者，人不得而知也。（《成容若哀辞》）

绳孙为明珠门客，此文又作于明珠炙手可热之时，其言自多委婉，然其言外之意可得而知也。虽然，容若岂独忧危虑倾而已哉？抑且其内心有洁污是非之搏战焉耳。或谓容若别有难言之隐：

《红楼梦》中之宝玉，相传为即纳兰成德。黛玉未嫁，何以称潇湘妃子？第百十六回言宝玉梦入宫殿，见黛玉非人世服，惊呼林妹妹。传者谓此王者妃，非林妹妹云云。黛玉不知何许人，盖与纳兰为表兄妹，曾订婚约而选入宫，纳兰念之。曾因宫中唪经，纳兰伪为喇嘛僧，入宫相见，彼固不知纳兰之易装而入也。书中所言盖谓此。（**万松山**

房丛书《饮水诗词集》署名“阿检”者跋语）

按宝玉影射纳兰之说，根本无据，此传说之来历不明。而清代宫禁森严，此事本身之可能性极小。凡兹悬测，允宜刊落。顾好事者或将曰：《饮水词》中，言私情密会，如“情知此后来无计，强说欢期，强说欢期，一别如斯，落尽梨花月又西”等类无题之作甚多，岂能无事实之背景欤？曰：若然，则欧阳修直一荡子矣。顾吾独有不解者，《饮水词》有《浣沙溪》一阕，题作“庚申除夜”（时容若年二十六），当是纪实之作。其辞曰：

收取闲心冷处浓，舞裙犹忆柘枝红。谁家刻烛待春风。　　竹叶将空翻彩燕，九枝灯炧颤金虫。风流端合倚天公。

此所忆者为谁？若指前妻耶？则两广总督家之闺秀，当非舞女。殆容若悼亡之后，别有所恋而未遂耶？观其同时人之品评，谓容若“负信陵之意气，而自隐于醇酒美人。有叔原之词章，而更妙于舞裙歌扇”。（吴绮《募修香界庵疏》，《林蕙堂集续刻》卷六）窃恐其悼亡以后，所欢必有在妻室之外者也，惟不必牵入宫嫔之事耳。

二十三年壬午九月，清帝南巡，容若扈驾。辛卯启行，十月庚子，至济南，观趵突泉。壬寅至泰安，登泰山极顶。丙辰登金山，游龙禅寺，又登焦山，遂驻跸苏州，游无锡惠山。惠山，秦松龄、严绳孙、顾贞观钓游之乡也。是时，顾贞观方居里，容访之于其家，与贞观及姜宸英偕宿惠山忍草庵。（秦松龄《〈梁溪杂事诗〉自注》及《修竹吾庐随笔》皆谓陈其年亦同宿庵中，按其年已卒于康熙二十一年，此处必误。）庵右有贯华阁，容若尝月夜与贞观登阁第三层，屏从去梯，作竟夕谈。容若诗有《桑榆墅同梁汾夜望》，即咏此时事。又尝与品茗于惠山之松苓、蟹眼二泉。时容若年甫三十，丰采甚都。贞观长性德十八岁，须鬓已苍。两人往来空山烟霭中，携手相羊。人望之，疑为师若弟，而不知其为忘年交也。濒行，为书贯华阁额，并留小像而去。容若卒后，贞观奉其像于阁中。其后阁毁，像与题额皆亡。回述清帝南巡事。十一月车驾至江宁，自江宁回銮，经泗水东境，游泉林寺（相传为“子在川上”处）。又至曲阜谒孔子庙，遂还京师。（本段除注明出处者外，余采《东华录》、《修竹吾庐随笔》及杨寿楠《贯华阁丛录》转载刘继增《成容若小传》。）容若之扈驾出行，除上述各次外，又尝至南海子、西苑、沙河、西山、五台山、医巫闾山等处，其年时不详。（徐乾学《墓志铭》及韩菼《神道碑》）

容若自在环卫，益习骑射，发无

不中。其扈跸时，雕弓书卷，错杂左右；夜则读书，书声与他人鼾声相和（徐乾学《墓志铭》）。出则“常佩刀随从。……每导行在上前。骑前却视，不失尺寸，遇事劳苦必以身先，不避艰险”（徐乾学《神道碑》）。或据鞍占诗，应诏立就，因得帝眷，白金文绮、中衣佩刀、名马香扇、上尊御馔之赐相属云（韩菼《神道碑》）。既还京，明年万寿节，清帝亲书唐贾至《早朝》七言律赐之。月余，令赋乾清门应制诗，译御制《松赋》，皆称旨。外庭佥言其简在帝心，将有不次之迁擢，乃遽得疾，七日不汗，以五月三十日己丑，即西历一六八五年七月一日卒，葬皂荚村。（杜紫纶《云川阁诗集》，《〈登贯华阁诗〉自注》）容若既得疾，清帝使中官侍卫及御医日数辈至第诊治。时清帝将出关避暑，命以疾增减报，日再三。疾亟，亲处方药赐之，未及进而卒。清帝为之震悼。中使赐奠，恤典有加焉。容若卒前未及一旬，尚有《夜合花同梁药亭、顾梁汾、吴天章、姜西溟作》之诗，盖其绝笔矣。容若事亲以孝称，友爱弱弟，或出，遣亲近傔仆护之，反必往视，以为常云。（以上未注出处者，据徐乾学《墓志铭》）所生男子二，长名福哥；女子二。当容若卒时诸儿俱幼。（此据韩菼《神道碑》，徐《志》作女子一，不知孰是。）

容若既殁，徐乾学裒刻其遗著为《通志堂全集》，凡二十卷。卷一赋，卷二至卷五诗，卷六至卷九词，卷十至卷十三《〈经解〉序》，卷十四杂文，卷十五至卷十八《渌水亭杂识》，卷十九至二十附录墓志铭、神道碑、哀词、诔、祭文、挽诗、挽词等。此书世希传本，所知惟八千卷楼藏书中有之，今未得见。（上目录乃据伦明万丛山房丛书本《〈饮水诗词集〉跋》）又韩菼所作《神道碑》，言顾贞观、姜宸英曾为容若作《行状》。今顾贞观文无传本，姜宸英集中复不载此状，余亦未得见。他日若发现此状及全集，其可以增补此文者当不少也。

容若遗物之流传于后世者，以余所知有二：一为容若玉印。一面镌绣佛楼，一面镌鸳鸯馆。曾藏武进费念慈

（屺怀）所。（叶昌炽《〈藏书纪事诗〉注》）一为《天香满院图》，乃容若三十岁像。朱邸峥嵘，红阑绿曲，老桂数株，柯叶作深黛色，花绽如黄雪，容若青袍络缇，伫立如有所思，貌清癯特甚，禹鸿胪之鼎绘（沈宗畸《便佳簃杂志》），曾藏缪荃荪（小山）所。今二物皆不知流落何所，记此以当访问，闻图有影印本，予亦未见。

容若赠贞观词，有“后身缘恐结他生里”之句，殁后竟被附会而成一段神话。据《炙砚琐谈》所传如下：

侍中（容若）没后，梁汾旋亦归里。一夕梦侍中至曰：“文章知己，念不去怀。泡影石光，愿寻息壤。”其夜嗣君（谓贞观子）举一子，梁汾就视之，面目一如侍中，知为侍中身后无疑也。……月后，复梦侍中别去，醒起急询之，已卒矣。

至《锡金识小录》所传，则愈歧而愈繁，谓：

梁汾家居，一夕，梦容若至曰：“吾来践约矣。”厥明，报仲子举一孙。梁汾心异之，视其生命，决其必夭，遂名之曰益寿。资甚聪颖，十一岁而殇。时梁汾居惠山积书岩，夜梦容若曰：“吾践约为子孙，今去矣。

家人不予棺而欲以席裹我，何待我薄也！”梁汾凌晨归，而益寿已死。问家人，无席裹事。询其母，曰有之，始死启姑，将具木治棺，姑以儿幼，取肆中棺殓之。母以市棺薄，心恚，哭不如席裹也。

荒唐之言，录之聊备掌故，亦以见容若与梁汾之友谊最足吸引后世文人之想象也。（上两段据《贯华丛录》引）

容若殁后一年，而查慎行（康熙间名诗人）来馆明珠家，课其子揆叙，时年十三。又二年（康熙二十七年二月）明珠为御史郭琇所劾，革大学士职，交与领侍卫大臣酌用，宾客星散。寻授内大臣，后屡从征，虽无陟擢，亦无大蹶，四十七年卒，年七十有四（国史馆本传）。揆叙则由康熙二十三年甲戌翰林，历官翰林院掌院，位至副相（《敬业堂集》）。著有《益戒堂诗》前后集及《鸡肋集》（《熙朝雅颂》卷六），今罕传本。《熙朝雅颂》（卷六至卷七）载其六十九首，亦一时作者也。

康熙二十二年辛酉四月，查慎行再馆明珠家。此时明府早已复兴，宾客云集，是时揆叙则"结束随龙骧，腰悬八札弓。行逐楯楏郎……下笔尤老苍。……贯穿及韩苏，结撰卑齐梁。居然希作者，耻与时颉颃"。（《敬业堂集》卷十七《恺功将有塞外之游，邀余重宿郊园，赋此志别》）盖俨然一容若之仿影也。

明府另有别业，名自怡园，在海淀傍。此园经始于容若卒后一年，其胜也。

绮陌东西云作障，画桥南北草含烟。凿开丘壑藏鱼鸟，勾勒风光入管弦。　毬场车埒互相通，门径宽间五百弓。但觉楼台随处涌，不知风月与人同。（《敬业堂集》卷十七《过相国明公园亭》）

又是一番豪华气象矣。惟渌水亭

则已荒芜不治。是年四月，查慎行《渌水亭与唐实君话旧》诗云：

> 镜里清光落槛前，水风凉逼鹭鹚肩。菰蒲放鸭空滩雨，杨柳骑牛隔浦烟。双眼乍开疑入画，一尊相属话归田。江湖词客今星散，冷落池亭近十年。（《敬业堂集》卷十七）

至于今，又二百四十四年矣。余读书于清华园且七载，去玉泉山甚近，春秋暇日，恒有登临，近始知渌水亭之址在是。然访其遗迹，已渺不可得。空对西山之落照，吊此多情短命之词人。

# 后记

此文写成后，得读清华大学朱保雄君《纳兰成德评传》稿本。中据高士奇《〈蔬香词〉题注》，考知容若生于顺治十一年十二月十二日，可补本传一大遗憾。又于容庚教授处得读燕京大学罗慕华君《纳兰成德传》稿本，其考容若世系及奉使索伦事，别有所据，视本传加详，惜未注明出处。待彼文发表后，读者可按其所列参考书目复核之。余今未得罗君同意，无权力为此，亦无权力引录其文也。（亦深望罗君见此文后，能将上述两段录寄，并注明出处，则读者与作者当无限感幸。）更有一意外之获，近从伦明先生处，得读余数年来渴求而未得之《通志堂集》，喜可知矣。据此书可补正本传之处甚多。会余将有远行，他事相催，未及将本传改作，兹将可采用之新资料之重要者分条写列于后。（若遍检高士奇著作，或更可得关于容若之资料，余今亦未能为是，附记于此，以待来者。朱保雄君又云，容若之弟除揆叙外，尚有一人，亦风雅士。一时未能检得出处。盼其能检出录寄。）

（一）容若自乡举后与徐乾学往还甚密。徐序《通志堂集》云“自癸丑

（时容若年二十）五月，始逢三、六、九日，（容若）黎明骑马过余邸舍讲论书史，日暮乃去，至为侍卫而止”。则徐氏于容若《墓志铭》中，谓其“于余绸缪笃挚，数年之中，殆以余之休戚为休戚”者当非夸也。徐序又言：

> 容若病且殆，邀余诀别，泣而言曰：“性德承先生之教，思钻研古人文字……执经左右，十有四年。先生语之以读书之要，及经史百家源流，如行者之得路。然性喜作诗余，禁之难止。今方欲从事古文，不幸遘疾短命。”

则容若之自然嗜好及其所受乾学之影响可知也。

（二）翁叔元《容若哀辞》（《通志堂集》卷十九）云："壬子同举京兆。……同举之士百二十有六人，相与契合者数人而已。"此数人中，除叔元及韩菼（《本集》卷十三有与韩商榷《明文选》书；韩除为容若撰神道碑铭外，有祭容若文。）较接近者外，当尚有王鸿绪、徐倬、李国亮、蒋兴芑、高瑄。（《本集》卷十九附有诸人与翁、韩合祭容若文云："吾侪同年几人，盖十二三年来离合聚散，亦间会兴于寝门。"）叔元与容若过从尤密，其自述云：

明年（癸丑）或进士，余落第。君时过从，执手相慰藉，欲延余共晨夕。余时应蔡氏之聘不果就。是岁冬谓余曰：“子久客不一归省坟墓，知子以贫故艰于行，吾为子治行。”于是余作客十五年，至是始得归拜先人丘垅，馆数椽居妻子，君之赐也。迨余丙辰幸登第留都门，往来逾密。君益肆力于诗歌、古文词，时出以相示，邀余和，余愧不能也。亡何，君入为侍卫，旦夕弼丞，出入起居，多在上侧，以是相见稀少，然时时读君诗及所与朋友往还笔墨。（《通志堂集》卷十九）

（三）本传据《苇间诗集》卷三，谓容若之识姜宸英当在康熙辛西。今据《通志堂集》卷十九附录宸英祭文，知实在癸丑。祭文中，且述与容若结交之经历，亦为极重要之传记材料，采录于下：

兄一见我，怪我落落，转亦以此，赏我标格。人事多乖，分袂南还，旋复合并，于午未间。我蹶而穷，百忧萃止，是时归兄，馆我萧寺。人之狺狺，笑侮多方，兄不谓然，待我弥庄。俯循弱植，恃兄而强。继余忧归，涕泣瀰瀰，所以赙赙，怜余不子。非直兄然，太傅则尔，趋庭之言，今犹在耳。何图白首，复遄斯行，削牍怀椠，著作之庭。梵筵栖止，其室不远，纵谈良夕，枕席书卷。余来京师，刺字漫灭，举头触讳，动足遭跌。见辄怡然，亡其颠蹶，数兄知我，其端非一。我常箕踞，对客欠伸，兄不余傲，知我任真。我时漫骂，无问高爵，兄不余狂，知余疾恶。激昂论事，眼瞪舌桥，兄为抵掌，助之叫号。有时对酒，雪涕悲歌，谓余失志，孤愤则那。彼何人斯，实应且憎，余色拒之，兄门固扃。充兄之志，期于古人，非貌其形，直肖其神。在贵不骄，处富能贫，宜其胸中，无所厌欣。忽然而夭，岂亦有云。病之畴昔，信促余往，商略文选，感怀凄怆。梁（佩兰）、吴（雯）与顾（贞观），三子实来，夜合之诗，分咏同裁。诗墨未干，花犹烂开，七日之间，玉折兰摧。

（四）容若与顾贞观之交谊，据顾之祭容若文（《通志堂集》卷十九），有可补记者如下：

屈指丙辰，以迄今兹。十年之中，聚而复散，散而复聚，无一日不相忆，无一事不相体，无一念不相注。……吾母太孺人之丧，三千里奔讣，而吾哥（容若）助之以麦舟。……每戆言之数进，在总角之交，尚且触恶忌于转喉，而吾哥必曲为容纳。洎谗口之见攻，虽毛里之戚，未免致疑于投杼，而吾哥必阴为调护。此其知我之独深，亦为我之最苦，岂兄弟之不为友生，至今日而竟非虚语。又若尔汝形忘，晨夕心数，语惟文史，不及世务。或子衾而我覆，成我触而子举。君赏余弹指之词，我服君饮水之句。歌与哭总不能自言，而旁观者更莫解其何故。又若风期激发，慷慨披露，重以久要，中其积素。吾哥既引我为一人，我

> 亦望吾哥以千古。他日执令嗣之手而谓余曰："此长兄之犹子。"复执余之手而谓令嗣曰："此孺子之伯父也。"……吾哥示疾前一（？）日，集南北之名流，咏中庭之双树。余诗最后，读之铿然，喜见眉宇，若惟恐不肖观之落人后者。

（五）容若与严绳孙及秦松龄之交游，据二人合作之祭文（《通志堂集》卷十九），有可补记者如下：

> 绳孙客燕，辱兄相招。松龄客楚，惠问良厚。谓严君言，子才可取，虽未识面，与子为友。

> 无可相见，去年冬暮，今岁春残，绳孙奉假，龄则去官。（绳孙以是年四月请假出都，详于其容若哀词。则“去年冬暮”之别指松龄也。）……别来无几，思我实深。两奉兄书，见兄素心。

（六）梁佩兰祭容若文（《通志堂集》卷十九）亦有传记材料可采者如下：

> 我离京师，距今（康熙乙丑）四年，此来见公，欢倍于前。留我朱邸，以风以雅，更筑闲馆，渌水之下。仲夏五月，朱荷绕门，西山飞来，青翠满轩。

我念室家，南北万里，不能即归，暂焉依止。公为相慰，至于再三，谓我明春，同出江南。公昨乞假，恩许休沐，静披图史，闲聆丝竹。顷复入侍，上临乾清，谕以奏赋，振笔立成。……四方名士，鳞集一时，埙篪迭唱，公为总持。良宵皓月，更赋夜合，或陈素纸，或倚木榻。陶觞抒咏，其乐洋洋。（集卷十三有《〈渌水亭宴集诗）序》，以骈俪出之，无传记材料，今不录。）

（七）康熙辛酉，吴汉槎自塞外归，容若即延馆其家。《通志堂集》卷十四《祭吴汉槎文》中云：

皂帽归来，呜咽霑巾。我喜得子，如骖之靳。花间草堂，月夕霜辰。未几思母，翩然南棹。……中得子讯，卧疴累月。数寄尺书，促子遄发。授馆甫尔，遂苦下泄。两月之间，遂成永诀。

汉槎弟兆宣能文，亦馆容若家。有祭容若文，见《通志堂集》卷十九。

（八）刘继增《成容若小传》（见本传引）记康熙甲子容若扈驾过无锡，与顾贞观、姜宸英、陈其年偕宿惠山忍草庵，又与贞观徜徉山中。尝偕登贯华阁，屏从去梯，作竟夕谈。前已考，知其年草率，所记可疑。今读《通志堂集》卷十三《与顾梁汾书》云："扈跸遄征，远离知己。若留北阙，仆逐南云。"则是时贞观实不在里。刘传所记，皆子虚也。考刘君及其前人所以致误者，盖彼等以容若有《桑榆墅同梁汾夜望》诗，又贞观《弹指词》注有"忆桑榆墅有三层小楼，容若与余昔年乘月去梯处"之语，因以为贞观所谓"桑榆"乃指其故里，而桑榆墅之小楼乃指贯华阁也。不知桑榆墅乃一专名，容若诗题可证。其所在虽不可考，今按容若致梁汾书，可决其非贯华阁也。容若扈驾南巡时与梁汾一段故事，二百余年来成为文学史上佳话，播于吟咏，施于画图，且构成贯华阁古迹上之重大意义，不谓今乃得知其幻。（惟容若登贯华阁留像额题事，则有后人见证可信。）深望世之与贯华阁有关系者，更正前误，揭于阁中，使后来登临凭吊者得知其实。虽足以减却彼等之诗意与历史兴趣不少，然真理终属可爱也。

容若在南巡期内创作颇多，有《金山赋》、《灵岩赋》。诗有《泰山》、《曲阜》、《江行》、《圣驾临江赋》、《江行》、《江南杂诗》、《秣陵怀古》、《金陵》、《病中过锡山》等作。词有《虎头词》（忆江南）十一首。附记于此。

（九）梁任公尝跋容若《渌水亭

杂识》（见中华本《饮冰室文集》卷七十七）盛称道之。余曩草本传，以未得见其书为憾。传成后，朱保雄君告余，《昭代丛书》中有之。因循未及觅阅，旋得《通志堂集》中有之，凡五集，自序云：

> 癸丑病起披读经史，偶有管见，书之别简。或良朋莅止，传述异闻，客去辄录而藏焉。逾三、四年遂成卷，曰《渌水亭杂识》。

盖十九至二十二三岁时所作也。是书以考古迹、论述古事古制占大部分，论文学次之，记异闻及感想又次之。兹据大书，参以集中他文，可考见容若之文学见解与普通思想。其论诗歌以性情为主，以“才”、“学”为用，以比兴与造意为最高技术，以模仿为初步，而以“自立”为终鹄，而力斥步韵之非。其论性情与才学之关系也，曰：

> 诗乃心声，性情之事也，发乎情止乎义，故谓之性。亦须有才乃能挥拓，有学乃不虚薄杜撰，才学之用于诗者如是而已。昌黎逞才，子瞻逞学，便与性情隔绝。

其论比兴也，曰：

雅颂多赋，国风多比兴。楚词从国风而出，纯是比兴，赋义绝少。唐人诗宗风骚多比兴，宋诗比兴已少。明人诗皆赋也，便觉腐板少味。

容若所谓比兴，略即今日所谓明喻与暗喻。其论造意也，曰：

古人咏史，叙事无意，史也，非诗矣。唐人实胜古人，如“江流石不转，遗恨失吞吴”，“武帝自知身不死，教修玉殿号长生”，“东风不假周郎便，铜雀春深锁二乔”，“此日六军同驻马，当时七夕笑牵牛”。诸有意而不落议论故佳，若落议论，史评也，非诗矣。

又曰：

唐人诗意不在题中，亦有不在诗中者，故高远有味，虽作咏物诗，亦必意有寄托，不作死句。……今人论诗惟恐一字走却题目，时文也，非诗也。

其论模仿与自立也，曰：

诗之学古，如孩提不能无乳姆也。必自立而后成诗，犹之能自立然后成人也。明之学老杜、学盛唐者，皆一生在乳姆胸前过日。

其《原诗》一篇（《本集》卷十四）阐此说尤详尽痛快。文繁不引，其斥步韵之敝也，曰：

今世之为诗害者，莫过于作步韵诗。唐人中晚稍有之，宋乃大盛，故元人作《韵府群玉》，今世非步韵无诗，岂非怪事？诗既不敌前人，而又自缚手臂以临敌，失计极矣。愚曾与友人言此，渠曰："今以止是作韵，那是作诗？"此言利害，不可不畏。若人不戒绝此病，必无好诗。

凡此固不尽容若之创说，而其中允当透辟，后之论诗者莫之能易也。

容若之文学史观，尤卓绝前人，彼确有见乎“时代文学”之理，故曰：

自五代兵革，中原文献凋落，诗道失传，而小词大盛。宋人专意于词，实为精绝。诗其尘饭涂羹，故远不及唐人。

又曰：

曲起而词废，词起而诗废，唐体起而古诗废。作诗欲以言情

> 耳，生乎今之世，近体足以言情矣。好古之士，本无其情，而强效其体，以作古乐府，殆觉无谓。

明乎词曲之为新体诗，明乎复古之无谓，此实最“近代的”见解。近代自焦循、王国维，以至胡适之文学史观，胥当以容若为祖也。其论词之演化，亦极精绝。其言曰：

> 花间之词，如古玉器，贵重而不适用。宋词适用而少贵重。李后主兼有其美，更饶烟水迷离之致。词虽苏、辛并称，而辛实胜于苏。苏诗伤学，词伤才。

容若少笃好《花间词》（《本集》十三《致梁药亭书》），为此言，见解已有转变，至更趋于成熟矣。

容若于诗词之选集，亦有独见。朱彝尊《词综》出，容若《与梁药亭书》（同上）论之曰：

> 近得……《词综》一选，可称善本。闻锡鬯所收词集，凡百六十余种，网罗之博，鉴别之精，真不易及。然愚意以为吾人选书，不必务博，专取精诣杰出之彦，尽其所长，使其精神风致，涌现于楮墨之间。每选一家，虽多取至什至佰无厌，其余诸家，不妨竟以黄茅白苇，概从

> 芰薙。仆意欲有选如北宋之周清真、苏子瞻、晏叔原、张子野、柳耆卿、秦少游、贺方回，南宋之姜尧章、辛幼安、史邦卿、高宾王、程巨夫、陆务观、吴君持、王圣与、张叔夏诸人。多取其词，汇为一集，余则取其词之至妙者附之，不必人人有见也。

容若于此书中已具道有志于词之选集，徐乾学谓容若“自唐五代以来诸名家词皆有选本”（见本传引），其言必不虚。今其书不可见，惟读上引其文，可窥见其选择之标准，与所选之人物焉。

容若又尝与顾贞观同选《今词初

集》二卷，录同时人自吴伟业至徐灿女士凡百八十八家。书有鲁超序，作于康熙十六年。此书今存，余于伦明先生处得见之。

以上述容若之文学见解，并附记其选业竟。

本传中引容若以赵松雪自况之诗，中有云“旁通佛老言，穷探音律细”，盖非虚语。《杂识》中数谈音乐，且涉佛道之书。容若于佛、道二家有极开明之“近世的”态度，谓：

> 三教中皆有义理，皆有实用，皆有人物。能尽知之，犹恐所见未当古人心事，不能伏人。若不读其书，不知其道，惟恃一

家之说，冲口乱骂，只自见其孤陋耳。昌黎文名高出千古，元晦道统自继孔孟，人犹笑之，何况余人？大抵一家人相聚，只说得一家话，自许英杰，不自知孤陋也。读书贵多、贵细，学问贵广。开口提笔，驷马不及，非易事也。

梁任公评之曰："可为俗儒辟异端者当头一棒。翩翩一浊世公子有此器识……使永其年，恐清儒中须让此君出一头地。"（《〈渌水亭杂识〉跋》）其言盖无溢美也。

容若亦与缁徒往来，共作哲理谈。《与某上人书》（《本集》十三）云：

昨见过，时天气甚佳。茗碗熏炉，清谈竟日。……承示万法归一，一归何处？令仆参取。时即下一转语曰：“万法归一，一仍归万。”此仆实有所见，非口头禅也。……自有天地以来，有理即有数。数起于一，一与一对而为二，二积而成万。凡二便可见，一便不可见，故乾坤也，阴阳也，寒暑也，昼夜也，呼噏也，皆可见者也。一者何？太极也。……吾儒太极之理，即在物物之中，则知一之为一，即在万法之中。竺氏亦知所谓太极者。彼误认太极为一物，而其教又主于空诸所有，并举太极而空之，所以有一归何处之语。……求空而反滞于有，不如吾道之物物皆实，而声臭俱冥，仍不碍于空也。

此虽幼稚之言谈，然可见容若之好思，而智力的兴趣之广也。

容若对于当时西方耶稣会教士所传入之异闻奇艺，亦颇留意。《杂识》中屡及之，尝言“西人取井水以灌溉，有恒升车，其理即中国风箱也”。其巧悟有如此。

（十）容若词集先后至少有四种原刻本。其一为《侧帽词》，刻于康熙十七年戊午以前。其一为《饮水词》，顾贞观以是年刻于吴下，皆详本传。今

《榆园丛刻》本似即据康熙戊午本而增辑者。观其所冠序文及排列次序而可见。（此本卷四以前，以词之长短为次。最短者在前，而《忆江南》小令乃在卷五。此诸词如考定为作于戊午后，似前四卷为戊午原本，而卷五以下则为后来增辑者。）其一为张纯修（容若诗词题注中之张见阳即其人）所裒刻之《饮水诗词集》本。张序记时在“康熙（三十年）辛未秋”。其一为徐乾学《通志堂集》本，严绳孙序记时在“康熙三十年秋九月”。故二本之先后不易定。严氏《〈通志堂集〉序》云“今健庵先生已缀辑其遗文而刻之”，似其时书尚未刻成。而张氏《〈饮水诗词集〉序》云“既刻成，谨此笔而为之序”，似《饮水诗词集》成于《通志堂集》之前。今《粤雅堂集丛书》本及万松山房本《饮水诗词集》，即以张纯修刻本为祖者也。除第一次刊本不可考外，其余三本中以张刻本所收词为最多，羡于榆园本两首。《通志堂集》本最少，仅三百首。《通志堂集》本与张纯修本次序既相同，其本文除一二字之变异外，亦大体相同；惟以之较榆园本，不独次序不同，其本文亦恒有一句以上之差异。《万松山房丛书》中之翻张刻本书题下有"锡山顾贞观阅定"一行，而张序亦云"此卷得之梁汾手授"，疑其不同者，由于贞观之得容若同意而点改者。即康熙戊午亦非不经贞观等点改者，观顾序谓"与吴君薗次共为订定"

而可证。今日欲观容若词在被点改前之本来面目，盖无从矣。予确信榆园本之来源为较早，他日若编校纳兰词，凡可依此本者皆依之，庶几所失本来面目者较少焉。

（原载《学衡》第70期，1929年7月）

# 出版说明

“新编历史小丛书”承自上世纪60年代吴晗策划的“中国历史小丛书”，其中不少名家名作是已经垂之经典的作品，一些措辞亦有写作伊初的时代特征。为了保持其原有版本风貌，再版过程中不做现代汉语的规范化统一。读者阅读时亦可从中体会到语言变化的规律。

新编历史小丛书编委会

**图书在版编目（CIP）数据**

纳兰成德 / 张荫麟著. — 北京：北京人民出版社，2019.5

（新编历史小丛书）

ISBN 978-7-5300-0426-5

Ⅰ. ①纳… Ⅱ. ①张… Ⅲ. ①纳兰性德（1655-1685）—传记 Ⅳ. ①K825.6

中国版本图书馆 CIP 数据核字（2019）第 048165 号

责任编辑 王铁英　　特约编辑 韩慧强
责任印制 陈冬梅

新编历史小丛书

纳兰成德

NALAN CHENGDE

张荫麟 著

出　　版 北京出版集团公司
　　　　 北京人民出版社
地　　址 北京北三环中路 6 号
邮　　编 100120
网　　址 www.bph.com.cn
总 发 行 北京出版集团公司
印　　刷 北京汇瑞嘉合文化发展有限公司
经　　销 新华书店
开　　本 880 毫米 ×1230 毫米 1/32
印　　张 3.5
字　　数 28 千字
版　　次 2019 年 5 月第 1 版
印　　次 2024 年 3 月第 3 次印刷
书　　号 ISBN 978-7-5300-0426-5
定　　价 24.80 元